LK 162

DISCOURS

Sur la représentation illégale de la Nation Provençale dans ses États actuels, & sur la nécessité de convoquer une Assemblée générale des trois Ordres,

PRONONCÉ

Par le COMTE DE MIRABEAU,

Dans la quatrieme Séance DES ETATS actuels de Provence.

Le 30 Janvier 1789.

DISCOURS

Sur la repréſentation illégale de la Nation Provençale dans ſes Etats actuels, & ſur la néceſſité de convoquer une Aſſemblée générale des trois Ordres.

Monseigneur,

Après les difficultés qui, depuis trois jours, fuſpendent les opérations des Etats, chacun de nous, s'il n'eſt indifférent au bien public, a dû chercher dans ſes lumieres & dans ſon cœur les moyens de faire triompher la paix, au milieu des diſſentions qui nous agitent.

Je ne ſuis point du nombre de ceux qui penſent que les Communes ſe révoltent contre l'autorité : je crois plutôt, ſi j'ai bien deviné leurs Repréſentans, que c'eſt le défaut de liberté qui rend dans nos Etats leur marche chancelante, irréguliere, incertaine. On n'eſt jamais plus porté à former des difficultés ſur les préliminaires, que lorſqu'on n'a pas la force d'énoncer ce qu'on redoute dans les réſultats.

Pour concourir comme les autres au ſaint miniſtere qui m'eſt confié, j'ai d'abord porté mon attention ſur les uſages & ſur les formes de nos Aſſemblées, croyant, & plût à Dieu que je ne me fuſſe pas trompé ! qu'il n'exiſtoit de difficultés que dans les formes. Mais bientôt des proteſtations annoncées, contre la légalité même des Etats, bientôt le cri public, quelquefois organe de l'erreur, mais ici fidele trop interprete de la volonté générale, ont arrêté ma conſcience & porté mon examen ſur des objets bien plus importans.

Ce n'eſt pas, gardez-vous de le croire, ce n'eſt pas pour des formes minutieuſes que les Communautés ſont agitées; & ſi elles pouvoient l'être, notre amour pour la paix fauroit bien lui facrifier ces frivoles obftacles. Il ne s'agit de rien moins que de favoir fi nous fommes les véritables Repréfentans de la Nation, ou les ufurpateurs de fes pouvoirs; & cette queftion eft véritablement faite pour arrêter tout Citoyen qui, même en ne voulant que le bien, craint d'exercer quelque genre de defpotifme que ce foit, fût-ce celui de la bienfaifance.

J'ai donc été forcé d'examiner la légalité de notre Affemblée, & j'attefte ici notre honneur & mon devoir, que je ne me fuis livré à cet examen qu'avec la plus extrême défiance. Je me fuis tenu en garde contre mes propres réfultats. Je n'ai fait aucun pas fans fonder le terrein fur lequel je marchois. Le dirai-je? J'ai redouté jufqu'à l'évidence.

Je vais vous repréfenter mes réflexions, MESSIEURS, & je n'aurai fait que devancer les vôtres. Mes principes n'étonneront point ceux qui ont étudié les titres des Nations dans le code non écrit du droit univerfel; & celui-là feul eft éternellement légitime. L'application que je ferai de ces principes à l'Assemblée actuelle de nos Etats ne doit effrayer aucune classe de Citoyens : j'apporte ici l'olivier de la paix & non le flambeau de la discorde ; & mes conséquences, dignes tout à la fois de nos devoirs & de mes sentimens, ne tendront qu'à réunir les esprits & les intérêts.

Il est inutile de nous le dissimuler. Les difficultés que nous éprouvons, & les protestations qu'on annonce de toute part ne peuvent qu'inspirer à chacun de nous les craintes les plus justes sur la légalité de cette Assemblée.

Représenter une Nation est le droit le plus auguste. Usurper cette représentation seroit un crime de leze-Nation.

Je ne veux préjuger ni les protestations, ni les réclamations. Cependant il est de la derniere évidence que lorsque la compétence est contestée, tout Tribunal, dans tout pays où l'on n'est point esclave, doit par cela seul être arrêté.

Ainsi donc, continuerons-nous de délibérer malgré l'opinion de ceux qui prétendent que nous ne pouvons point délibérer ? Députerons-nous aux Etats-Généraux malgré les protestations de ceux qui soutiennent que cette députation seroit illégale ? Confierons-nous au hasard le sort d'une représentation dont le salut du Royaume & de chaque Province doit dépendre ? J'ignore quelle sera l'opinion de l'Assemblée sur ces questions ; mais je sais que toute précipitation seroit un crime.

Les réglemens mêmes de nos Etats ne permettent de délibérer sur rien, sans que les pouvoirs des Membres qui les composent soient légitimés : or, s'il faut légitimer les pouvoirs de chacun de nous, ne doit-on pas également légitimer les pouvoirs de l'Assemblée entiere ? Quoi ! MESSIEURS, ce qui seroit vrai de chaque Membre, ne le seroit point de la collection de tous les Membres ! Si l'on peut récuser un Juge, on n'a pas moins le droit de récuser tout un Tribunal. Avant de délibérer, il faut savoir si l'on peut délibérer. Au physique comme au moral, l'action ne vient qu'après la puis fance. Il faut être, avant de favoir ce que l'on eft.

Mais pour examiner plus fûrement ce que nous fommes, voyons ce qu'inconteftablement nous devrions être.

Lorfqu'une Nation n'a point de Repréfentans, chaque individu donne fon vœu par lui-même.

Lorfqu'une Nation eft trop nombreufe pour être réunie dans une feule Affemblée, elle en forme plufieurs ; & les individus de chaque Affemblée particuliere donnent à un feul le droit de voter pour eux.

Tout Repréfentant eft par conféquent un élu ; la collection des Repréfentans eft la Nation ; & tous ceux qui ne font point Repréfentans ont dû être électeurs par cela feul qu'ils font repréfentés.

Le premier principe en cette matiere eft donc que la repréfentation foit individuelle : elle le fera s'il n'exifte aucun individu dans la Nation qui ne foit électeur ou élu, puifque tous devront être Repréfentans ou repréfenté

Je fais que plusieurs Nations ont limité ce principe, en n'accordant le droit d'élection qu'aux propriétaires ; mais c'est déjà un grand pas vers l'inégalité politique.

Le second principe est que la représentation soit égale, & cette égalité, considérée relativement à chaque aggrégation, doit être tout à la fois une égalité de nombre & une égalité de puissance.

La représentation sera égale en nombre, si chaque aggrégation de Citoyens choisit autant de Représentans qu'une autre aussi importante. Mais comment fixer cette importance ?

Elle ne résulte pas seulement de l'égalité qu'il pourroit y avoir entre le nombre des Electeurs dans chaque aggrégation. Cette égalité doit être combinée ave celle des richesses, & avec celle des services que l'Etat retire des hommes & des fortunes. L'incertitude des données ne permet peut-être pas une égalité parfaite ; mais on peut du moins, & l'on doit en approcher.

L'importance de chaque aggrégation est bien plus difficile encore à déterminer pour une Nation qui, comme la nôtre, est déjà divisée en trois Ordres : car si l'intérêt politique de l'Etat exige cette distinction, le droit social n'exige pas moins que les divers Ordres qui se réunissent en Corps de Nation n'entrent dans ce tout qu'avec la mesure relative de leur importance. Les Etats sont pour la Nation ce qu'est une carte réduite pour son étendue physique; & soit en petit, soit en grand, la copie doit toujours avoir les mêmes proportions que l'original.

Mais on n'a point encore touché à cette partie de notre Droit public. L'égalité entre le nombre des Communes & celui des deux premiers Ordres, & le dernier état des choses relativement aux conquêtes que la raison fait sans cesse sur les préjugés. Je ne raisonnerai donc que d'après ce principe provisoire.

Enfin j'ai dit que la représentation égale en nombre doit l'être aussi en puissance.

Elle le fera, fi les fuffrages des Repréfentans inégaux font inégaux, & fi les fuffrages des repréfentans égaux font égaux. Elle le fera, fi lorfqu'il s'agit de connoître la volonté d'une Nation, les fuffrages font recueillis de maniere que l'on ne puiffe pas fe tromper au point de prendre la volonté d'un Ordre pour celle d'un autre, ou la volonté particuliere de quelques individus pour la volonté générale.

Ces principes font inconteftablement les fondemens de tout droit public, & l'unique fauve-garde de la liberté du genre humain.

Voyons maintenant, MESSIEURS, fi nos Etats actuels repréfentent la Nation provençale, ou ce qu'on appelle les trois Ordres de cette Nation. N'oublions pas furtout qu'en nous livrant à cet examen, nous devons mettre à l'écart la tyrannie des Réglemens, le defpotifme des ufages & l'efclavage des préjugés.

Trois Ordres font dans les Etats; mais la Nation n'y eft point, fi ceux qui le difent fes Repréfentans n'ont pas été choifis par une élection libre & individuelle.

La Nation n'y eft point, fi les Repréfentans des aggrégations égales en importance ne font pas égaux en nombre.

La Nation ne peut être liée par un vœu, fi les Repréfentans des aggrégations égales ne font pas égaux en fuffrages.

Ainfi, je demande d'abord fi le Roi a convoqué la Nobleffe ou les feuls Poffédans-Fiefs. S'il n'a convoqué que les Poffédans-Fiefs, il manque par cela feul un Ordre dans les Etats, & la Nation eft incomplete.

Si le Roi a convoqué la Nobleffe, cet Ordre qui n'a pas même été affemblé n'a point nommé pour fes mandataires les individus qui prennent ici cette qualité. Ceux-ci font fans pouvoir : & comment fe diroient-ils les Repréfentans des Gentilshommes qui ne les ont pas élus ? Cette prétention blefferoit tous les principes de l'élection individuelle.

Nous ne pouvons plus même suppofer aujourd'hui que les Gentilshommes poffédans-fiefs repréfentent tacitement toute la Nobleffe. La réclamation de cet Ordre eft connue. Les prétendus Repréfentés défavouent les prétendus Repréfentans ; les donneurs de pouvoirs réclament contre l'ufurpation des mandats. Et comme on ne peut leur dire autre chofe, fi non que ce mandat a été donné depuis deux fiecles, je ne fais s'ils ne pourroient pas répondre qu'il n'exifte point d'ariftocratie légale en France ; qu'un Ordre de la Nation ne peut pas plus que la Nation elle-même aliéner fa liberté ; & que le droit de repréfentation, c'eft-à-dire, le droit de fe lier par la volonté d'autrui eft inceffible fous un Roi, & imprefcriptible entre des hommes libres.

Je demande, en fecond lieu, fi le Roi a convoqué le Clergé ; ou feulement les Prélats. S'il a convoqué le Clergé, cet Ordre a dû nommer fes Repréfentans. S'il ne les a point nommés, les lettres de convocation n'ont point été remplies ; les Etats ne font pas formés.

Si le Roi n'a convoqué que les Prélats, un Ordre entier manque dans l'Affemblée : car la Nation n'eft pas compofée des Prélats, des Poffédans-fiefs, & des Communes ; mais du Clergé, de la Nobleffe & des Communes.

Enfin je demande comment on a convoqué les Communes, & qui font les Repréfentans de cet Ordre tellement important, que fans lui, les deux premiers Ordres ne forment certainement pas la Nation, & que feul, fans les deux premiers Ordres, il préfente encore une image de la Nation ?

Si au lieu de convoquer les Repréfentans des Villes, l'on n'a convoqué que les Confuls, par cela feul il n'y a point eu d'élection, ou l'élection n'a pas été libre. Les Communes dans les Etats, ne font point une Affemblée de fimples Députés, mais une Affemblée de Repréfentans. Ce n'eft pas pour connoître la volonté des

Chef, mais pour recueillir les voix des différentes aggrégations qu'une Province entiere se concentre dans des Etats. Les Administrateurs des Villes réunis forment, si l'on veut, une Assemblée d'Aristocrates; mais ils ne formeront jamais une Assemblée de la Nation.

L'élection des Consuls eût-elle été libre, je demanderois quels ont été les Electeurs? Si les prétendus Repréfentans n'ont que les suffrages du Conseil ordinaire de chaque municipalité, l'élection n'a donc pas été individuelle; le mandat n'est que partiel: à moins qu'on ne soutienne que trente Electeurs peuvent élire sans pouvoirs pour six mille; que le droit d'administrer la municipalité comprend expressément ce droit précieux, domaine sacré de la société entiere, dont aucun Citoyen ne peut se dépouiller que lorsqu'il est dans l'impuissance physique de l'exercer, le droit de dire: la volonté de tel autre sera la mienne.

Je suppose même que l'élection des Consuls eût été faite dans une Assemblée gé-

nérale de la Ville qu'ils prétendent repré-
ter. Je demanderois encore si les Membres
seuls des Communes y ont été électeurs,
ou si des personnes nobles y ont également
donné leur suffrage. Qu'un Gentilhomme soit élu par le Tiers-États; je pour-
rai ne voir dans ce choix que la preuve
d'une confiance particuliere, s'il résulte
d'une élection libre; mais si le Gentilhomme
s'est placé parmi les électeurs, il a donné
des Représentans aux communes, tandis
qu'il ne peut en donner qu'à son ordre :
son vœu est illégal; dans l'état actuel des
choses, l'élection entiere peut l'être.

Les mêmes objections s'élevent contre
les Représantans des Vigueries. Là, le nombre des électeurs doit être réduit. Mais par
qui l'a-t-il été? Est-ce par chaque Bourg,
par chaque Village, & pour tous les Membres des Communes dans ces municipes si
intéressans? D'après nos usages éternellement absurdes, vingt, trente, cinquante
Consuls forment une Assemblée de Vigue-
rie, comme si les Vigueries essentiellement

composées